HISTOIRE

DU MONASTÈRE

DE

BARISIS-AUX-BOIS;

TOPOGRAPHIE ET STATISTIQUE

DU

VILLAGE DU MÊME NOM,

Par A. MATTON,

ARCHIVISTE DU DÉPARTEMENT DE L'AISNE.

VERVINS.

IMPRIMERIE TYPOGRAPHIQUE DE PAPILLON, LITHOGRAPHE,

Place Sohier et Rue des Prêtres.

1855.

1856

M. Déprez, ex-géomètre arpenteur à Laon, a offert
le 29 août 1852, d'effectuer le dépôt aux archives du département de l'Aisne, d'une Charte de 867, concernant Barisis-
aux-Bois ; le conseil général acceptant cette offre généreuse,
a voté des remerciments à M. Déprez.

M. Papillon, imprimeur à Vervins, animé du désir de faire
chose utile à son pays, a donné une nouvelle preuve de l'in-
térêt sincère qu'il lui porte en s'empressant de reproduire
cette charte qui est, à ma connaissance, le plus ancien docu-
ment paléographique qui nous reste du Laonnois. Voulant
venir en aide à son zèle ardent pour l'histoire locale, et
donner au public le spécimen du travail auquel je me livre
depuis longtemps sur chaque commune du département de
l'Aisne, j'ai écrit cette notice sur Barisis-aux-Bois.

A. MATTON.

HISTOIRE

DE

BARISIS-AUX-BOIS.

DÉNOMINATIONS ANCIENNES.

Sous les Mérovingiens et les Carlovingiens, on désignait Barisis sous les noms de *Barisiacus*, *Barisiacum* et *Barrisiacum* (1) ; les auteurs de la vie de saint Amand se servent indifféremment de tous ces noms et de celui de *Baresetum* (2), en parlant de Barisis. Ces dénominations sont quelquefois remplacées sous les Capétiens par celles de *Barisi* et *Barisy*. Au XVIIIe siècle, ce village ne porte plus que le nom de Barisis, qui s'écrit encore aujourd'hui de la même manière.

(1) Recueil des historiens des Gaules et de France, tome III, page 535; tome IV, p. 645, B; tome VI, p. 551, A; et tome VIII, p. 568, A, 603, E, 632.

(2) Recueil des Bollandistes, tome 1er de février.

L'étymologie de ce nom de *Barisis* remonte peut-être bien aux Celtes ; mais, comme il reste à peine quelques rares vestiges de l'idiome de ces anciens peuples, je laisserai aux habiles le soin de la découvrir. Je me contenterai de reconnaitre la communauté d'origine du nom de Barisis avec ceux des villages de Barzy et de Berzy : la ressemblance est d'autant plus frappante, que, même au XVIIe siècle, on désigne encore Barisis sous les noms de Barzy, Bairezy, Bairesis, tandis que Barzy porte celui de Barisy (1).

TOPOGRAPHIE.

La commune de Barisis-aux-Bois est presque entièrement environnée de bois ; pour y parvenir, il faut traverser d'un côté la forêt de Coucy, de l'autre, celle de Saint-Gobain.

Son territoire comprend, outre le chef-lieu (2), quatre hameaux, les Carrières de la Ville, les Carrières des Lentillières, le Petit-Barisis et le Pavillon ; trois fermes isolées, le Crottoir, Buin et la Fourcière ; et une maison isolée, Montauban.

Sa surface territoriale composée de 2,568 parcelles, d'après le cadastre fait en 1831, comprend 1511 hectares :

Terres labourables	602 h.	»» a.
Bois	725	»»
Jardins et vergers	29	»»
Oseraies et aulnaies	19	»»
Savarts	15	»»
Chemins et rues	36	»»

(1) Archives de la préfecture de l'Aisne, 30, 38, 39 et 40. Comptes du clergé du diocèse de Laon. — Archives de M. Déprez.

(2) Le chef-lieu comprend douze rues ; trois d'entre elles conservent le souvenir de l'ancien monastère : la rue du Moustier (*Monasterium*), la rue de l'Abbaye et la rue du Moncel (*Mons Cellæ*).

Etangs.   9 h. »» a.
Propriétés bâties..   8   50
Ruisseau.   1   50
Prés.   66   »»

Le vallon dans lequel se trouvait autrefois le monastère de Barisis, est à 64 mètres au-dessus du niveau de la mer. Un ruisseau (*rhû de Baillon*), qui prend sa source près de Septvaux, serpente lentement dans ce vallon et y alimente de ses eaux le moulin à huile et les trois moulins à blé de Barisis. Deux de ces derniers sont antérieurs à 1790, le troisième, dit le moulin Gillotin, a été construit en vertu d'une ordonnance royale du 13 mai 1825.

Le rhû de Baillon séparait jadis les provinces et gouvernements de l'Ile-de-France et de Picardie, la Thiérache et le Laonnois, les bailliages de Laon, La Fère et Coucy-le-Château et les châtellenies de ces deux dernières villes. Les habitants de Barisis qui demeuraient sur la rive droite, suivaient la coutume de Coucy; les autres, celle de Vermandois. Le rhû de Baillon traverse le village du sud-est au nord, en se dirigeant vers Servais, où, sous les Carlovingiens, il baignait de ses eaux les murs de l'une des métairies royales qu'on rencontre si fréquemment dans nos contrées, surtout dans le voisinage de Barisis-aux-Bois. Le même ruisseau décrit ensuite une forte courbe en recevant quelques affluents, se rend sur le territoire de Rouy (*Rufiacum*), où l'on remarquait, au ixe siècle, une ferme royale dont il ne reste plus aucun vestige, et se jette ensuite dans la rivière d'Oise au-dessus du village de Condren, le *Contrà-Aginum* des Gallo-Romains, cité dans l'*Itinéraire* d'Antonin (1).

(1) *Itinéraire d'Antonin*, folio 379 e `édition in-4° publiée en 1735, à Amsterdam, par Westenius et Smith.

L'église de Barisis, située dans la partie septentrionale du village, est placée sous le vocable de saint Pierre et de saint Paul, dont on célèbre la fête le 29 juin. Elle renferme deux chapelles latérales : l'une d'elles est dédiée à la Vierge, l'autre à saint Sébastien. Cette église, d'une construction très-lourde, date seulement du xvie siècle et semble composée de pièces et de morceaux rajustés, surtout du côté de la chapelle Saint-Sébastien. Elle a été réparée en 1706, en 1739 et en 1764. Le clocher qui se trouve entre la nef et le sanctuaire, contient, outre l'horloge communale, trois cloches qui datent de 1819; la première pèse 400 kil., la deuxième 600, la troisième 800.

Non loin de l'église se trouve la maison communale construite en 1842, elle a coûté environ 18,000 francs; la pompe à incendie est placée dans un bâtiment attenant à cette maison. En face de celle-ci se trouve le lavoir communal.

DIVISIONS CIVILES.

Barisis, placé mal à propos dans le diocèse de Noyon par Aubert Lemire (1), dans le territoire de Mons par le bénédictin Michel-Jean-Joseph Brial (2), était situé dans le Laonnois (*in pago Laudunensi*), et dépendait de l'élection de Laon, du grenier à sel, de la maréchaussée et de la subdélégation de Coucy-le-Château, du département de La Fère (3), de l'intendance et généralité de Soissons.

La commune de Barisis-aux-Bois, qui était comprise en 1790

(1) P. vi de l'*Index generalis* compris au tome 1er de la *Diplomatica Belgica*.

(2) Recueil des historiens des Gaules et de France, tome xviii, p. 805.

(3) Les rues Delval, de Gernicourt, du Moustier, du Pavillon, les fermes de la Horbe, du Grandlieu et du Crottoir, étaient du gouvernement de La Fère. (Archives de la commune de Barisis-aux-Bois).

dans le canton de Saint-Gobain et dans le district de Chauny, fait partie du canton de Coucy-le-Château, et de l'arrondissement de Laon (1). Elle est desservie par le bureau de poste de Coucy-le-Château.

Un chef-lieu de perception y a été établi dans le cours de l'année 1853.

DIVISIONS ECCLÉSIASTIQUES.

La paroisse de Barisis était autrefois comprise dans le doyenné rural de La Fère, l'archidiaconé de Thiérache et le diocèse de Laon. La cure était séculière, l'abbé de Saint-Amand la conférait habituellement à un religieux de son abbaye; ce religieux touchait annuellement, sur les revenus de la prévôté de Barisis, une portion congrue de 300 livres. Il dimait sur le territoire de sa paroisse; mais comme son droit était peu important, à cause de l'étendue des possessions de la prévôté affranchies de la dime, il l'abandonna, en 1750, pour faire élever sa pension annuelle à 450 livres, quatorze jalois de blé, un muid de forte bière et deux muids de petite.

POPULATION. — ÉTAT CIVIL.

Les registres de l'état civil de Barisis-aux-Bois, déposés au greffe du tribunal de première instance de Laon, remontent à l'année 1677 (2); ceux qui se trouvent à Barisis même, datent de 1657, et ne présentent aucune lacune : ces regis-

(1) Sa distance légale, en kilomètres, du chef-lieu d'arrondissement et de département est de 25 , du chef-lieu de canton, 7.

(2) Ces registres ont été remis au greffe du bailliage de Coucy-le-Château, de 1677 à 1691, de 1722 à 1721, et de 1729 à 1750 inclusivement. — Les années 1691 et 1710 manquent seulement à la collection du greffe du tribunal de première instance de Laon.

tres prouvent clairement que la population est restée ce qu'elle était autrefois. N'étant favorisée par aucune route, par aucune industrie nouvelle, elle continue à se livrer presque uniquement à l'apprêt du chanvre, à la confection du fil et de la toile, qui occupent les cinq-douzièmes des bras. L'agriculture s'empare de ceux qui ne s'adonnent pas à cette insdustrie et à l'exploitation de quelques carrières de pierres de taille, aussi compte-t-on à peine un mendiant sur cent personnes. C'est assez dire que le bien-être s'est considérablement accru. Les habitants de Barisis le doivent à la sobriété, à l'économie, au morcellement des propriétés, à la jouissance de biens communaux importants et à l'exercice de droits de pâturage et de panage dans la forêt basse de Coucy. Là comme partout ailleurs le bien-être a fait augmenter la moyenne de la vie humaine ; cependant la trop grande fatigue des habitants fait qu'il existe à peine à Barisis, six octogénaires. Les tableaux qui suivent, donnent le recensement le plus complet qu'il ait été possible d'établir, de la population et de son mouvement dans cette commune.

En 1788, le nombre des domestiques du sexe masculin était de 26, il e t de 20 ; le nombre des domestiques du sexe féminin était de 9, il est de 6. Il y avait, à la même époque, 125 garçons au-dessous de 14 ans, et 108 filles au-dessous de 12 ; il y a maintenant 148 garçons et 136 filles des âges précités, 85 de chaque sexe fréquentent les écoles primaires.

Le nombre des hommes de 18 à 60 ans est actuellemen de 267 ; ils emploient 105 bêtes de trait et de somme, 30 voitures à 2 roues, et 4 à 4 roues.

Année.	Population totale.	Militaires.	Garçons.	Hommes mariés.	Veufs.	Filles.	Femmes mariées.	Veuves.	NOMBRE DES Sexagénaires. sexe masculin	Sexagénaires. sexe féminin	Septuagénaires. sexe masculin	Septuagénaires. sexe féminin	octogénaires. sexe masculin	octogénaires. sexe féminin	Ménages.	Maisons.	Périodes décennales.	NOMBRE DES Naissances.	Mariages.	Décès.	Vie moyenne.
1726	879																				
1745																					
1788	770														195		1780–1789	358	84	540	24 ans 4 mois.
1771	890															208	1803–1813	284	100	297	32 — 6 —
1800	1003	22															1813–1823	373	102	296	34 — 7 —
1806	967	26	263	172	16	288	172	30									1823–1833	342	91	270	44 — 2 —
1818	1078	30	268	221	18	272	222	47	19	25	14	4		1			1833–1843	329	134	248	51 — 6 —
1826	1173		285	245	19	313	245	46								280	1843–1853	276	137	272	43 — 6 —
1831	1207																				
1836	1241		310	275	16	302	276	62	34	38	19	22	2	5	349		De 1803 à 1835 — 40 ans 9 mois.				
1841	1231		297	292	14	283	289	56							365						
1846	1288		288	312	22	290	312	64	37	41	22	31	5	5	398	393					
1851	1193		252	299	21	263	299	59	38	54	19	22	3	3	379	370					

HISTOIRE.

Au viie siècle, le domaine de Barisis appartenait au fisc royal, qui le possédait probablement par droit de conquête sur les Gallo-Romains. Le roi Childéric II et la reine Blihe-childe ou Hymnechilde (1) l'en détachèrent dans le cours de l'année 661, *pour l'amour de Dieu et de la céleste patrie*, et le donnèrent avec les personnes, les terres, maisons, vignes, bois et prairies qui en dépendaient, à saint Amand, évêque régionnaire. Celui-ci choisit, sur le territoire qui lui fut donné, le lieu dit *Faverolæ*, qui lui parut l'emplacement le plus convenable, et y fonda (2), sous la règle de saint Co-lomban, un petit monastère (*cella, cellula*), qu'il dédia à saint Pierre et à saint Paul. Ce monastère n'était pas encore entièrement construit lorsque saint Amand vint l'habiter avec douze religieux (3). pour évangéliser le pays. Saint Amand le quitta quelque temps après, pour aller remplir les fonctions d'abbé à Elnone.

André, son disciple, recommandable par sa piété et ses vertus, le remplaça en qualité d'abbé de Barisis (4); André obtint de saint Amand, le 15 août 664 (5), pour lui et ses reli-

(1) Lemire. *Diplomatica belgica*, tome 2, p. 123. — Historiens des Gaules et de France, tome 4, p. 645, D. — Recueil des Bollandistes, tome 1er de février, page 817, § 2, E, *de sancto Amando episcopo trajectensi Elnone sive Amandopoli in Belgio*. — *Annales benedictini*, tome 1er, p. 460. — *Acta sanctorum ordinis benedictini*, t. 2, p. 689.

(2) *Acta sanctorum ord. bened.* tome 2, p. 719. — Historiens des Gaules et de France, t. 3, p. 535, D. — *Gallia christiana*, tome 3, p. 255.

(3) Recueil des Boll., tome 1er, vi février, p. 899, chapitre 13, *Historia miraculorum S. Amandi corporis per Franciam deportato, auctore Gilleberto, monacho Elnonense*.

(4) *Acta s. ord. bened.* t. 2, p. 1011. — *Annales bened.* tome 1er, p. 460.

(5) *Acta ut suprà et p. 115*.

gieux, le monastère de Barisis et ses dépendances, savoir : le domaine de Barisis ; la terre de Sinceny (*locella in Cinciniaco*) donnée par le duc Fulcoald ; un manoir sis sous les murs de la ville de Laon, qui lui avait été donné par l'archidiacre Consin ; une vigne située à l'extrémité du territoire de Crépy (*in fine Crispiacense*), avec le vigneron nommé Vilberon, qui lui avaient été donnés par Chenoald, et quelques autres propriétés d'une moindre importance.

Attola, évêque de Laon, signa avec les prêtres de sa cathédrale cet acte, écrit par le diacre Radbert, qui portait contre ceux qui contreviendraient à ses dispositions, excommunication et condamnation à une amende de dix livres d'or envers le fisc.

Quelques années après, saint Amand, accablé d'infirmités et sentant sa fin prochaine, appela près de lui l'abbé André. Celui-ci quitta aussitôt l'abbaye de Barisis (1), pour aller prendre possession de celle d'Elnone, où il mourut le 7 février 688.

Le domaine de Barisis devint, sous le règne de Pépin, la proie d'insolents gouverneurs, qui ne craignirent pas de s'en emparer au détriment de l'abbaye d'Elnone (*quæ etiam propter insolentiam rectorum a potestate memorati monasterii subtracta habebatur*) (2).

Le maire du fisc de Barisis (*major de fisco Barisiaco*) (3) s'empara de vive force de la forêt de Coulommiers (*Colum-*

---

(1) Recueil des boll. t. 1er, 6 février, p. 871, B. — *Gall. christ.* tome 3, p. 253.

(2) Martène, *Amplississima collectio*, tome 1er, col. 98. — Recueil des historiens des Gaules et de France, tome 8, p. 368, A.

(3) *Acta s. ord. s. bened. parte* I, sec, 1, page 67. — Historiens des Gaules et de France, tome 6, p. 569, C.

— 14 —

barias) (1), qui touchait à la forêt royale, et la réunit à cette dernière. Cet état de choses dura jusqu'en 831. L'abbaye d'Elnone se plaignit ; mais elle n'obtint justice que sous le règne de Louis-le-Débonnaire. Ce monarque, sur la demande formelle de l'abbé Adaléode, confirma, le 29 juin 822, les concessions faites et la suprématie d'Elnone sur l'abbaye de Barisis, chargea ensuite Husson Vassal, son commissaire, de faire une enquête sur les plaintes de l'abbaye. Elles parurent fondées au commissaire royal, qui reconnut le droit de propriété des religieux d'Elnone sur la forêt de Coulommiers. Cette reconnaissance détermina Louis-le-Débonnaire, le 18 janvier 831, à restituer à l'abbaye la forêt qui avait été usurpée sur elle (2).

Le 10 octobre 848, Lothaire ratifia la restitution faite par son père (3). Le 20 septembre 863, le roi Charles-le-Chauve se trouvant à l'abbaye de Saint-Amand, donna à ce monastère la moitié d'un manoir avec les habitants : c'étaient des femmes, des enfants, et le verrier Ragénulf (4). L'indication de cette profession atteste que la civilisation avait déjà fait des progrès dans nos contrées, puisqu'on y fabriquait le verre. Du reste, l'abondance des bois de la forêt de Coulommiers devait beaucoup contribuer à la prospérité d'une telle industrie. Ainsi, dès ces temps reculés, on songeait déjà dans le pays à ce qui fit plus tard sa fortune et sa gloire.

(1) Ce nom provient sans doute du grand nombre de tourterelles et de pigeons ramiers qu'on remarquait dans cette forêt.

(2) *Acta s. ord. s. Bened. parte* 1, *sec.* 4, p. 66 et 67. — Historiens des Gaules et de France, tome 6, p. 531, A, et 569, C.

(3) Martène, *ampl. coll.* tome 1, col. 98. — Recueil des historiens des Gaules et de France, t. 8, p. 368, A.

(4) Martène, *ut suprà*, col. 167. — Recueil des hist., *ut suprà* p. 587.

Karloman, fils de Charles-le-Chauve, étant devenu abbé du monastère d'Elnone, où il avait été élevé, obtint de son père, le 18 octobre 867, que la moitié des revenus du domaine de Barisis, serait employée à fournir la boisson des religieux de son couvent (1).

Le domaine comprenait alors : à Barisis même, une mense seigneuriale, 4 bonniers de vignes (*bunaria*) (2), 1 de terre, 1 de pré, 50 de bois, 1 farinier (1 meunier), 17 menses d'ingénus, 4 de serfs, indépendamment de 4 autres menses de serfs et d'un farinier, qui appartenaient également à l'abbaye, mais qui ne faisaient point partie du domaine de Barisis proprement dit; au Crottoir (*in Crustido*), (3) 30 bonniers de bois ; à Pierremande (*in villa que dicitur Petramantula*), une église dotée de 12 bonniers de terres, de 4 serfs, peut-être même de leurs menses (*mancipia*) (4) , et d'une mense seigneuriale de laquelle dépendaient 40 bonniers de terres, des prés, des bois et 22 maisons d'ingénus; à la Horbe (*in villa Leor*) (5), une mense seigneuriale comprenant 18 menses

(1) Martène, *id.*, col. 180. — Recueil des historiens, tome 8, page 605, E. — *Gallia christiana*, tome 3, p. 258. — Dom N. Lelong, Histoire du diocèse de Laon, p. 85.

(2) De *Bunaria* vient sans doute le nom d'une ferme de Barisis, Buin ; cette ferme a été vendue aux sieurs Carette et Boutroy, comme domaine national, le 26 janvier 1791, moyennant 76,300 livres.

(3) La ferme du Crottoir a été vendue comme domaine national, au sieur Antoine de Vivaise, le 11 octobre 1791, moyennant 57,800 livres.

(4) Par le mot *mancipium* on désigne tantôt la maison du serf, tantôt le serf lui-même.

(5) On pourrait croire qu'il s'agit ici de Loire (commune de Trosly), mais comme il n'existe aucune trace d'aliénation, il est plus naturel de penser qu'on a voulu parler de la ferme de Lahorbe qui subsistait encor e à Barisis vers la fin du xvie siècle, ce nom de Leor rappelle sans doute une origine celtique. Un fait qui tend à confirmer cette conjecture c'est la découverte faite sur le versant des collines)de tombeaux celtiques en pierre qui ont été trouvés presque à fleur de terre. Marcilly dépendait de Faucoucourt.

d'ingénus, 20 bonniers de terres et quelques bonniers de prés ; à Marcilly (*in villa Marcilliaco*), un bonnier de vigne et 11 menses de serfs (1).

La charte qui accompagne cette notice, écrite par le notaire Froteaire, a été donnée par Charles-le-Chauve, dans son palais d'*Autreivilla*. Le bénédictin dom Martin Bouquet, commet sans doute une erreur, en plaçant le palais d'*Autreivilla* (2) à Orreville. N'est-il pas plus naturel de chercher l'emplacement de ce palais au village d'Autreville ? N'est-ce pas là ce que semblent marquer l'analogie qui existe entre *Autreivilla* et *Autreville*, et la faible distance de ce village à Barisis (3) ?

Le savant Mabillon, en donnant dans son excellente diplomatique la nomenclature des palais royaux, a omis celui d'Autreville. C'est un oubli qu'il est bon de réparer ici, pour l'honneur du Laonnois.

Les renseignements donnés par la charte de 867 sont complétés par une autre, qui confirme la première et qui fut octroyée par le même prince, en 871, à l'abbaye d'Eluone (Saint-Amand). Cette charte nous apprend que Barisis comptait alors plus de 67 menses et 3 moulins (4) : il n'en faut pas davantage pour déterminer l'importance de ce domaine sur lequel les religieux de Saint-Amand conservèrent

(1) Au XVIIIe siècle, la prévôté de Barisis possédait encore deux pièces de terre à Faucoucourt, l'une de 91 verges, l'autre de 42. Ces renseignements pourraient-ils servir à établir la contenance du bonnier de terre ? Les 42 verges se trouveraient être l'emplacement de onze maisons de serfs; ce qui ferait, d'après la mesure actuelle 1 are 63 cent. environ par maison (mesure de Saint-Amand).

(2) Recueil des historiens des Gaules et de France, tome 8, p. 604.

(3) Orreville ou Orville, sur l'*Authie*, où existait un château royal sous les Mérovingiens est désigné dans d'anciennes Chartes, qui existent dans la collection de M. De Marsy, sous les noms de *Ordreia, Ordriaca, Audriaca Villa, Orvilla, Ortevilla* et *Aurea Villa*.

(4) Martène, tome 1er, *amplissima collectio*, col. 192. — Recueil des historiens des Gaules et de France, tome 8, p. 132.

toujours leur suprématie. Elle fut encore reconnue par le roi Charles-le-Simple, en 889 et en 906 (1).

Le domaine de Barisis, grâce aux soins, à l'activité et à l'intelligence des religieux de Saint-Amand, prit un tel accroissement, qu'on fut obligé, vers la fin du xie siècle, de faire construire une église paroissiale sous le nom de Saint-Remy. En 1059 (2), le roi Philippe Ier assista à la dédicace de cette église, qui, en 1065, fut donnée par l'évêque de Laon, à l'abbaye de Saint-Amand, pour entretenir un religieux de plus (3).

Gautier, évêque de la même ville, imitant le généreux exemple de son prédécesseur, conféra, en 1152 (4), à la même abbaye, les églises de Fresnes et de Septvaux. Cette abbaye conserva jusqu'en 1790, le droit de présentation à la cure de ces églises, mais elle en abandonnait souvent l'exercice à la prévôté de Barisis.

L'abbaye de Saint-Amand avait de très-fréquents rapports avec ce couvent, et y fit transférer, le 21 mars 1182, les reliques des saintes vierges de Cologne (5); elle y envoyait les jeunes nobles de la Flandre, qui désiraient connaître la langue romane (6).

(1) Martène, tome 1er. *Ampl. coll.*, *col.* 247. — Historiens des Gaules et de France, t. 9, p. 474, A.

(2) Cette charte fut octroyée au château de Laon (*Lauduni castro*), le 7 des ides de septembre 906. Martène, *Ampl. coll.*, *col.* 263. — Hist. des G. et de France, t. 9, page 502.

(3) *Gallia christiana*, tome 3, page 260. — Dom N. Lelong, *Histoire du diocèse de Laon*, page 83. L'église se trouvait sans doute au lieudit le champ Saint-Remy, où on trouve des débris de constructions et des ossements humains.

(4) *Gallia christiana*, id., p. 262. — N. Lelong, id.

(5) *Breve chronicon Elnonense S. Amandi.* — Historiens des Gaules et de France, tome 18, p. 803. — Martène, *Thesaurus anecdotorum*, tome 3, *col.* 1399.

(6) Recueil des historiens des Gaules et de France, t. 12, p. 246 et 247. *Ex vita Guiberti abbatis de Novigento*, *caput* 5, *lib.* 3.

Le monastère de Barisis souffrit et profita du voisinage des sires de Coucy. L'un d'entre eux, Enguerrand III, lui donna une partie de son bois (la Queue de Bettemont), fit abattre la maison que son frère Robert, seigneur de Pinon, avait fait construire à Barisis malgré l'abbaye de Saint-Amand, et s'interdit, au mois de septembre 1207, la faculté d'en faire établir de nouvelles dans ce village. Les vives sollicitations d'Enguerrand III finirent par engager l'abbaye de Saint-Amand, au mois de mai 1226, à abandonner à Robert la faculté qu'il réclamait; mais elle exigea que nul homme libre ne pourrait venir demeurer à Barisis sans le consentement de son abbé, et que ceux qui habiteraient la maison que Robert se proposait de faire construire, paieraient les redevances auxquelles étaient assujettis les manants de Barisis; elle stipula en outre qu'ils seraient soumis à la justice du prévôt du même lieu (1).

Ce même Enguerrand, d'accord avec Herbert, abbé de Saint-Amand, consacra, par une charte du mois d'octobre 1235, le droit des habitants de Barisis. Chaque ménage de ce village pouvait, moyennant douze deniers laonnisiens, faire paître ses bestiaux et ses porcs dans la basse forêt de Coucy. Les amendes pour délits et contraventions devaient être partagées entre l'abbaye et le sire de Coucy, son protecteur (2).

La convention de 1226 fut ratifiée au mois de février 1255, par Enguerrand IV, sire de Coucy. Ce seigneur, dans une transaction passée au mois d'octobre 1267, entre lui et l'abbaye de Saint-Amand, reconnut le droit de pâtu-

(1) Archives de la commune de Barisis-aux-Bois.
(2) *Ut suprà*.

— 19 —

rage et de glandée qu'avaient les habitants de Barisis et les fermiers de la prévôté dans la basse forêt de Coucy et dans ses autres bois. Ce droit a depuis été confirmé à ceux-ci par une sentence du 4 juillet 1419, de Pierre de Champlisant, gruyer de Coucy, par arrêt du parlement de Paris du 29 juin 1500, et par lettres-patentes du mois de juin 1603 et du 12 septembre 1612 (1). Il a également été maintenu par une sentence de la table de marbre de Paris, du 13 juin 1549, par un jugement de la maîtrise de Coucy, du 22 août 1554, par un arrêté de l'administration centrale de l'Aisne, du 25 ventôse an VI, par une décision du ministre des finances, du 18 ventôse an VII, et enfin par un arrêté du conseil de préfecture de l'Aisne, du 3 juin 1806.

A la Saint-Remi, les habitants de la rive droite du Baillon, payaient annuellement, sous peine de 60 sols d'amende, une taille réelle et personnelle de dix-neuf livres six sols huit deniers, un droit de chaussée de deux deniers par chariot, un par charrette, une obole par brouette; droit de rouage par chariot chargé de vin, quatre deniers, par charrette deux, par brouette un.

Ils avaient un droit de glandée dans les forêts de Bettemont Noirchenoy et Sart-des-Nonains, à raison de six deniers par porc, payables au jour des Brandons; en 1561 ils envoyaient jusqu'à 1245 porcs dans cette forêt en ne payant que douze deniers par tête d'animal.

L'abbaye de Saint-Amand contribua beaucoup à l'abolition des appeaux volages, qui fut faite dans la paroisse de Barisis en 1336 (2). Le dénombrement que cette abolition nécessita, en 1340 (1), fixa à 98, dans le village de Barisis, le nombre des feux qui se trouve élevé aujourd'hui à celui de 379. Cela supposait une population de 400 personnes environ : c'est presque le tiers de la population actuelle, qui est de 1,193 âmes (2).

L'abbé de Saint-Amand, ou en cas de commende le prieur de ce monastère, envoyait à Barisis trois ou quatre religieux pour y célébrer les offices divins et y vivre régulièrement, sous la direction d'un prévôt amovible. Celui-ci avait toute justice dans le village de Barisis ; il la faisait exercer par son bailli et ses autres officiers. Une ancienne tour servait à la fois de colombier et de prison. Les fourches patibulaires se trouvaient dans un pré de la Fourcière, *ès fourchières*. Comme elles avaient été *mises jus et ruées par terre par des gens malveillans et adventuriers*, elles furent rétablies le 27 mars 1549, en vertu de lettres royales du 13 décembre précédent.

Depuis cette époque jusqu'à la révolution il n'arriva à Barisis rien de remarquable, si ce n'est un affreux ouragan qui dura quatre heures consécutives, dans la nuit du 23 au 24 juin 1693. L'abondance des eaux pluviales noya quatre personnes, rompit les étangs, enleva les digues, emporta un moulin et ébranla les murs de l'église conventuelle (3). Cette église fut reconstruite entièrement vers la fin de la première moitié du xviiie siècle, sur une longueur de 40 pieds et une largeur de 24, dans œuvre. Elle ne subsiste plus au-

(1) Registre LXXV du trésor des Chartes, pièce n°cxxxiv.

(2) Recensement de 1851, archives de la préfecture de l'Aisne. En 1575, le nombre des maisons de Barisis s'élevait à 149, en y comprenant les fermes de Buin, de Grandlieu, de Lahorbe et du Crottoir; 50 avaient été construites de 1533 à 1545. (Archives de Barisis-aux-Bois).

(3) Archives de M. Déprez.

jourd'hui. On n'a conservé des autres bâtiments que ce qui pouvait convenir à une exploitation rurale.

Le domaine de Barisis, placé fréquemment sous le sequestre des rois de France, pendant les guerres des xvie et xviie siècles, produisait un revenu annuel, en 1728, de 4,570 livres; en 1751, de 7,873 livres 2 sous 4 deniers. Il jouissait des deux-tiers de la grosse et menue dîme de Fresnes et de Septvaux, et du tiers de celle de Pierremande. Il avait en outre les droits seigneuriaux de Barisis, parmi lesquels on ne négligeait pas de comprendre 10 deniers carolus par ménage, pour les usages des *Lentillières*. Il possédait : 1° deux moulins à blé, un moulin à huile, 326 hectares de terres, bosquets et prés, situés sur les territoires de Barisis, Fresne, Pierremande, Beautor, Vendeuil et Faucoucourt; 2° le tiers des usages de Barisis, en vertu d'un arrêt du parlement, du 4 septembre 1731; 3° le bois Prevôt, le bois Coulommiers et de Laonnois, qui contenaient 207 hectares environ, dont 60 hectares 33 ares restaient en réserve, le surplus était mis en coupe réglée à l'âge de 25 ans, à l'exception du bois Prévôt qui était spécialement destiné au chauffage des religieux.

En 1790, lors de la suppression des ordres religieux, il ne restait à la prévôté de Barisis, que trois bénédictins : le prévôt Pierre de France, âgé de 76 ans; Pierre-Bernard Méresse, âgé de 37 ans, et Benoît Tonnelier, âgé de 47 ans. Le Directoire du département de l'Aisne fixa, le 3 septembre 1791, le traitement du premier à 1,200 livres et celui des deux autres à 900 livres. Pierre de France avait quitté son couvent au mois d'avril 1790, pour aller habiter la commune de Verneuil-sous-Coucy, où il vécut dans la misère.

La révolution lui laissa seulement toucher quelques quartiers de son traitement, que le ministre des finances réduisit à 1,000 livres, le 18 novembre 1801. De France n'en jouit pas longtemps; il mourut le 23 décembre 1804, âgé de 89 ans 2 mois et 27 jours. Il eut la douleur, avant de quitter la vie, de voir aliéner le monastère de Barisis (1), où il avait passé, dans une douce retraite, des jours paisibles et heureux.

(1) Le couvent de Barisis fut vendu le 28 mars 1791, avec deux moulins à eau, un *tordoir*, et 136 arpents 86 verges, moyennant 116,100 livres, à Pierre-Alexis Berlise, qui le céda le 29 avril suivant à M. Alexandre de Lauriston, officier d'artillerie à La Fère. Il appartient aujourd'hui à M. Ferdinand Deprez. Les trois cloches de la prévôté de Barisis, pesant ensemble 416 livres, ont été vainement réclamées par les habitants de Barisis sous la révolution. Elles ont été envoyées, le 16 novembre 1791, par les administrateurs du district de Chauny, à la monnaie de Lille, où elles ont été converties en sous.

PRÉVÔTS DE BARISIS.

664. — André.
831. — Léon.
. . . .
1473. — Jehan Ledouch.
1507. — Charles......, évêque de Tournay.
1512. — Guillaume de Bruxelles.
1531. — Hilaire Rogier.
1554. — Louis, cardinal de Bourbon.
1575. — Etienne Leclerc, mort en 1587.
1587. — Jean Lejongleur.
1608. — Pasquier Dumont.
161... — Jehan Dumelz
1624. — Gilles Demay.
1653. — Corneille de Beauffremez, mort en 1657.

1657. — De Thouars.
1660. — Donat Sauvaige, bachelier en théologie.
1672 — Richart Bourquel.
1675. — Bénoit Legrand.
1676. — Etienne Lefebure.
1678. — Landelin-Delacroix.
1694. — Philippe Doutreleau.
1696 — Gozée.
1704 — Landelin Delacroix.
1709 — Boniface Oudart.
1724. — Etienne Baclar.
1732 — Cassiodore de Rophy.
1733. — Boniface Oudart.
1754 — Jean-Baptiste Sacré.
1778 — Meurant Mouton.
1782 — Pierre de France.

MAIRES DE BARISIS.

1800. — Avril . . . Jean-Baptiste-Julien Pasques.
1816. — Février . . Maurice Bruier.
1828. — Mars . . . Pierre-Sébastien Langlet.
1831. — Décembre . Jean-Baptiste-Julien Pasques.
1833. — Septembre . Jean Louis Lechat.
1837. — Juillet . . Ferdinand Déprez.
1840. — Mai . . . Jean-Louis Rossignol.
1841. — Décembre . Eloi-Louis François.
1843. — Juillet . . François Remy.
1848. — Avril . . . Pierre-Auguste Hurillon.
1852. — Juillet. . . Ferdinand Déprez.

CHARTE DE 867.

In nomine sanctæ et individuæ Trinitatis, Karolus gratia Dei rex. Quicquid locis divino cultui mancipatis largiendo conferimus, profuturum nobis ad presentis vitæ curricula felicius transigenda, et ad future beatitudinis premia facilius obtinenda non dubitamus. Comperiat igitur omnium fidelium sanctæ Dei ecclesiæ nostrorumque, præsentium ac futurorum industria, quia ad deprecationem karissimi nobis filii nostri Karlomanni monasterii Sancti Amandi egregii confessoris reverendi abbatis, ob Dei ejusdemque sancti amorem, pro nostrorum absolutione peccaminum, libuit celsitudini nostræ monachis in eodem cenobio Deo militantibus ex rebus ipsius abbatiæ medietatem cujusdam villæ in pago Laudunensi sitæ, quæ dicitur Barisiacus, cum villulis et appendicibus suis ad potum sibi ministrandum largiri, et largiendo perpetim habendam confirmare; id est, quicquid in eadem villa Gerulfus jure beneficiario habuit, hoc est mansum dominicatum, ubi aspiciunt de vinea bunuaria quattuor, de terra arabili bunuaria viginti et septem, de prato bunuarium unum, de silva bunuaria quinquaginta, et farinarius unus, et mansos ingenuiles decem et septem, et mansos serviles quattuor, et de indominicato mansos serviles quattuor, et farinarium unum; et in Crustido de silva bunuaria triginta, et in villa quæ dicitur Petramantula, ecclesiam unam, quæ habet

*de terra bunuaria duodecim, et mancipia quattuor, et man-
sum dominicatum ubi aspiciunt de terra arabili bunuaria
quadraginta, de prato bunuaria.... de silva bunuaria.... et
mansos ingenuiles viginti duo, et in villa Leor mansum dominicatum, ubi aspiciunt de terra bunuaria decem et octo, et
de silva bunuaria duo, et de prato bunuaria... et mansos ingenuiles octo et dimidium; et in villa Marciliaco de vinea
bunuarium unum, et mansos serviles undecim; donamus
etiam eis ad vestimenta sibi ministranda in pago Tornacense
super fluvium Scalt villam que dicitur Domnevert, cum eccle-
sia et manso dominicato uno, et aliis mansis, et terris, silvis, pratis ac mancipiis, cuntis que sibi pertinentibus. Unde
hoc altitudinis nostræ præceptum fieri, eisdemque monachis
dari jussimus, per quod prædictas res cum ecclesiis, domibus,
ædificiis, vineis, terris, silvis, pratis, pascuis, acquis aqua-
rumve decursibus, farinariis, perviis, adjacentiis, mancipiis utriusque sexus desuper commanentibus, vel ad easdem
res juste pertinentibus, plena integritate prædictis monachis
largimur, et jure firmissimo habendas confirmamus; eo scilicet puncto, ut ex rebus in pago Tornecensi sitis vestimen-
torum adminiculum sumant, et ex rebus in pago Laudunensi
sitis vini sufficientia sibi preparent ita ut prædictas vineas
bene excolant, et emeliorare faciant, et plures alias vineas ibi
plantent, et omnes earumdem rerum exactiones et conlabora-
tiones in vinum inde summendum convertant, quatenus ceteris
suis rebus aliis usibus ac stipendiis deputatis, ex his vini
sufficientiam annuatim percipiant, et pro nobis conjuge ac
prole totiusque regni nostri statu continuis precibus dei miseri-
cordiam implorent. Ut autem hæc nostræ largitionis seu con-
firmationis auctoritas inviolabilem obtineat firmitatem, manu*

propria subter eam firmavimus, et annuli nostri impressione sigillari jussimus.

Signum KAROLI *gloriosissimi regis,* FROTARIUS *notarius ad vicem Goslini recognovi.*

Data XV calendas novembris, indictione prima, anno XXVIII, regnante Karolo gloriosissimo rege. Actum Autreivilla palatio regio in Dei nomine feliciter. Amen.

Sur le dos, en écriture de la même époque, on lit :

Præceptum Domni Karoli imperatoris de Barisiaco et de Petramantula, atque de Leor, seu de Marciliaco ; necnon etiam de villa que dicitur Domnevert.

Vervins. — Typographie de PAPILLON, lith.

In nomine sancte et individue trinitatis Heinricus divina favente clementia rex. Quicquid locis divinis cultui mancipatis largiendo conferimus profuturum nobis presentis vite curricula et futuram

fidelius obtinendo non ambigimus. Comperiat igitur omnium fidelium sancte dei ecclesie nostrarumque presentium scilicet futurorum inquisitio quia cuidam deprecationem dilectissimi nostri Heinrici monasterii sancti

Emmerammi et sancte Marie tam presentium scilicet futurorum consultum per hec dei munimina ubi venerabilis corpus monachus, in eodem cenobio ob miliacendis excrevit ipsius consecrat mediocritatem. Eiusdem loci in presentiarum sicut quicquid eius rerum sicut cum

uigor et uigendo perpetuo possidendo confirmare id est quicquid in eodem villa gerentibus increbente plurium ivit hic hoc est mensium dominicarum ubicumque et eius rerum cumque quicumque determinacione ubi una et quindecim ep

sic coloni cuius unus et mensis ingenuiles decem et septem. Et mensis serviles quicumque itaque in dominicas mensis serviles quicumque et firmarium unum. Et in eius iusto ei unic dominica et quindecim. Et in villa cuius dicitur petri cuiusdam ic

et mancipiis quicumque. Et mensium dominicarum ubi cuius priua recer... ita et... ubi dominica quicumque et quadraginta deprecans dominic... deitinabuntur. Et mensis ingeniles vigintiquinque. Et in villa cuius mensium dominicarum

et deitinabuntur ubi quidem et deprecans dominicas. Et mensis ingeniles octo et quinquaginta. Et in villa cuius dicitur deitinabuntur unum. Et mensis serviles undecim. Quicumque et uic certis icquis firmitatis subministratione in

quibusdam mancipiis cum ecclesiis et mensis dominicas una et cuius mensis. Et certis silvis pratis uic monilupis cunctisque superenuntibus. Unde hoc considerantibus nostri preceptum fieri jussimus denique monachus dictum

dominium istius in certis terris silvis pratis pisceriis icquis icquorumue decursibus firmariis perunis ualidentibus monilupis utriusque sexu deinde per communibus.

Et mensium. Et colonis et pratis uic certis denique certis silvis uic amenis in communibus simione et certis ubi pratis unensi uic univ si

in nomine sancte et individue trinitatis Karolus gratia dei rex. Quidquid ecclesiis dei canonicorum conceptis uel regendis conferimus profuturum nobis ad presentis uite cursum et ad eternam

felicius obtinendam non dubitamus. Comperiat igitur omnium fidelium sancte dei ecclesie nostrorum que presentium et futurorum industria quia ad deprecationem reuerentissimi filii nostri Karolomanni monasterium sancti

dionysii sancti uenerabili presbyterorum cenobium per hec nostra ceterisque precepta monachis inibi degentibus de nostris rebus ipsius ecclesie mediocrem eius diuisimus et per hec ipsius ecclesie quicquid eam eius fuerit eum

uergentia et uergendi perpetim habendam confirmare id est quicquid in eadem uilla gerulsum uel eius fiscis inuenietur mensum dominicarum ubicumque et ubicumque quocumque deterritoriarum inuenitur uiginta septem. ep

uic sfforinum unus. Et mensos ingenuiles decem septem. Et mensos seruiles quocumque sicut in dominicas mensos seruiles quocumque et formarum unum Et uic sisteq dis sunt bunuatoriis eriginetur. Et mullicque sunt predictam etc

Et mancipiis quocumque Et mensum dominicarum ubi cipituntur deterritoriis sub unuatoriis quadraginta deprecabuntur   desunt bunuatoriis   Et mensos ingenuiles uiginta duas Et multiplicetur mensum dominicatu

Et desunt bunuatorii duas. Et depredabuntur. Et mensos ingenuiles sicut sequitur quam Et in uilla cui ordinatur obuini bunuatorium unum Et mensos seruiles undecim. Omnemus seruentus sequi sunt et sui ministreriis

quibus sunt dominicatus cum ecclesie et mensis dominicias una et ideis mensis   et terris sibus prioris manicipiis eum eisque superantibus   Unde hoc uideturcipius prece preceptum fieri decernimus dum quit monachis dei

domus uictibus uintis terris sibus prioris pictuis seque sequuntur et deterioris formoriis peruis sequentius manicipiis uerusque secus de super communicantibus uel ad agendos insuperantibus plenuit eterret

sunt dis confirmauimus. Et siliis trina uexeratur gubernatensi sicus omnia   in summa seruentus in precubucundensi uiris uiris sit eum sumprep et leuiter precequibus uintus loit sels

In nomine sancte et individue trinitatis rex. Universis presentibus et futuris notum sit quod nos ad presens scripsimus turriculae seu domus et conveniendi et ut futuris reverendi suis premiti.

Eorumque presentium ac futurorum industrie quidquid deprecationem Rigorissimi filii nostri Raimundi monasterii seu conventi egregii Confessoris reverendi ecclesiae eiusdem canonici et canonicae hereditatis ipsius collocavit medietatem. Eiusdem ecclesiae in perpetuum conventi et consecravit. Cum universis appendiciis suis ad perpetuum sibi ministrandum.

quibus videt hoc est mensum dominicatum ubi respiciunt decem bonariorum quicquid deterius cum bonariis triginta et septem deprecabuntur unum de silva bonariorum quinquaginta.

mensis huius quicquid et agricolarum unum et in eisdem de silva bonariorum triginta. Et in usuque dicitur pertinentibus ecclesiam unam quelibet deterius bonariorum quasdam

deprecabuntur de silva bonariorum. Et mensis in genuiter triginta duos et in vallibus mensum dominicatum ubi respiciunt deterius bonariorum decem et septem

mortis deterius bonariorum unum cum universis pertinentibus. Conventi etiam eis adquisitu mensis sibi ministrandi in perpetuum conventi super fluvium Sicie villam

cum medietatibus cum eisque superamentibus. Unde nos cupientes precibus predictum fieri eisdemque monachus carissimus per quas precibus de sancti eumdem clericis

cum medietatibus utriusque sive cum de super communitatibus vel ad eisdemque in superamentibus plene integravit. predictis monachus largimur et convenit firmis

in futuris eiusdem monachis in perpetuum vestroque usu in eis sine superioritate locavit precibus eius uti ad exclusione et retentu eiusdem cum eius sint eius sunt.

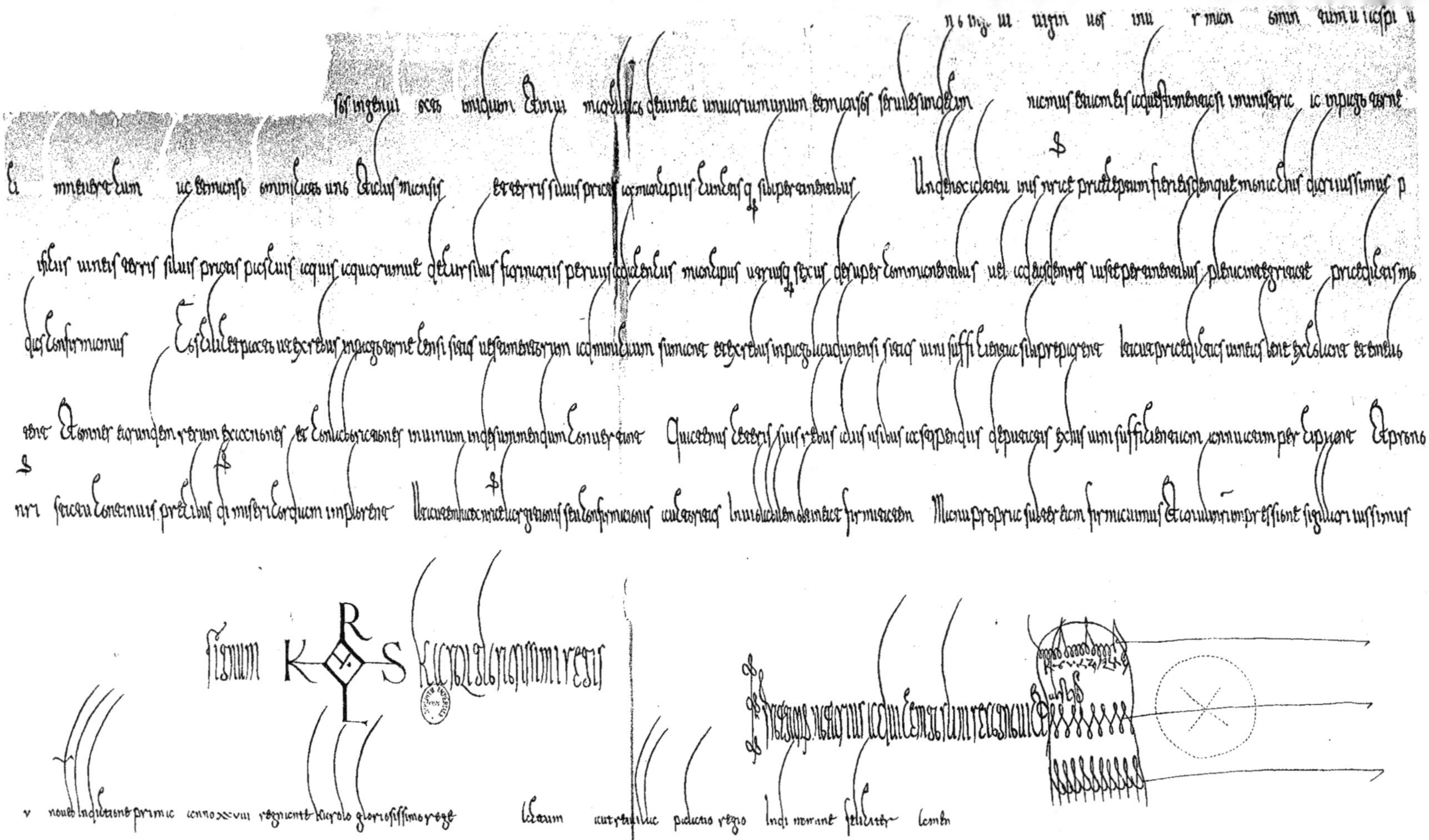

... ingenui ... quidam Ebruinus ... deinde uniuersorum uirorum excensos seruiserunt deum ... nicinus ... acquestiuimeraies immiserie ... impiarc terre

... int ... tum ... ut Ebruinso omnibus uno Ebicius mensis ... exterris siluis pricis uicinoribus Euncasq; superarentibus ... Undenocideria ... prece preceptorum fieri eisdem que monichis dignissimus p

... uineis terris siluis pricis piscuis acquis acquorumus decursibus flumiorus peruis concedentus monichis uerusq; pecus desuper commonentibus uel acquadentes insteperanentibus plenumeqriuoce ... pricchens ...

... Confirmauimus ... Etsilicet pracos ut exerebus inpacqte ... censi siuis ... uestamenter um iccommunicum sumone ... exgerebus in pacqte ... censi siuis uini suffi ... siupreprigerc ... uineis uoce ... et ... uen ... Et omner torundem rerum deicenibus ... Concubercanter in unum indesummendum conuercent ... Quicedinus Ebteris siuis rebus iduis usibus ucsependus depuicqus scluis uini sufficienciem connuccnt per cipuent ... Etprens

... seicem Conscinuis prceibus ... miseri Cordicum imploren ... Ueracenuiccnreuer giruisni seu Confirmacionis iulexpcrisq; inuiolicilemdeinceur firmaccum Manu propric subceraccm firmauimus Et anuli impressione sigiluri iussimus

Signum K[aroli] R[egis] L[otharii] Karoli gloriosissimi regis

+ nonis indictione prima anno XXVIII regnante Karolo gloriosissimo rege

Datum actum illuc palacio regio Indi uerunt feliciter amen

<signum / chancellor's subscription>

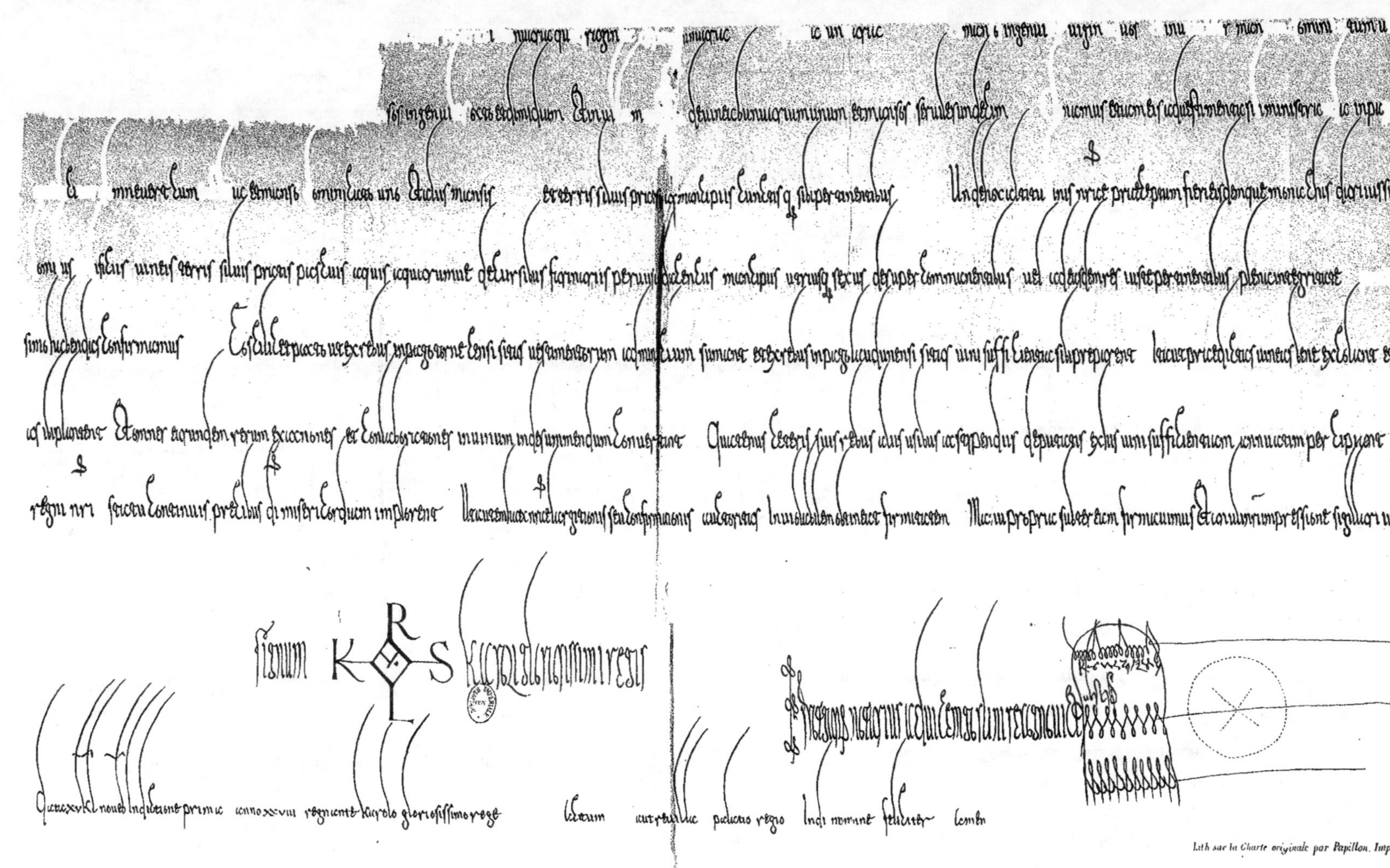

Lith. sur la Charte originale par Papillon. Imp.ᵉ à

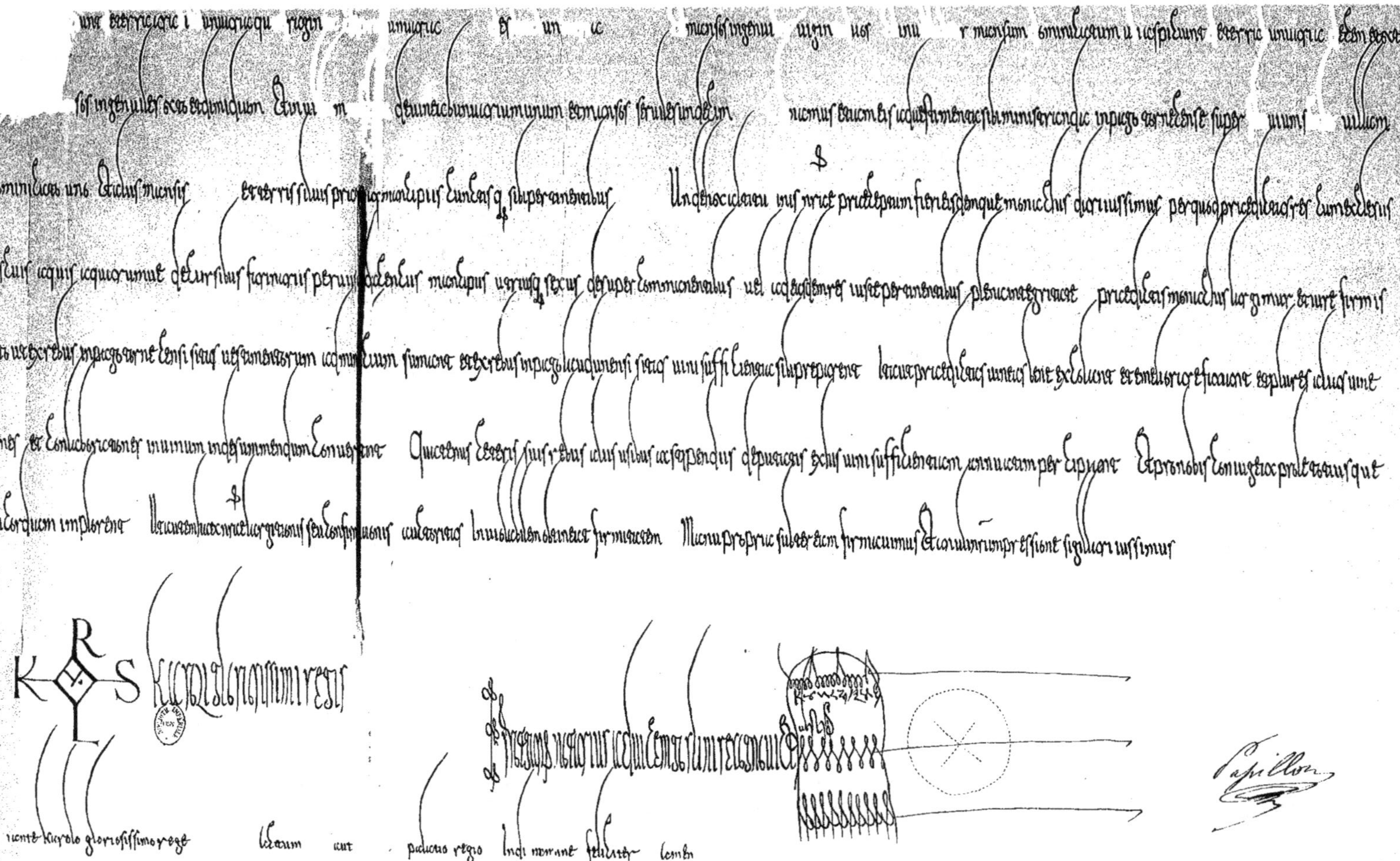

Preceptum domni Karoli Imperatoris de Rinsula et de Petramuntula · cetquedetur seu de mara licula · necnon etiam de illa que dicitur domneuert ·

9 782013 405560